AF370281

A SA MAJESTÉ
L'EMPEREUR ET ROI,
EN SON CONSEIL.

S IRE,

Que Votre Majesté daigne jetter les yeux sur cet Imprimé. Jamais concours plus unanime ne s'éleva en faveur d'un Magistrat de la part de ses Concitoyens, et de l'ancienne Province de Bretagne.

SIRE, si Votre Majesté pense devoir renvoyer à son Conseil les demandes que mes Concitoyens forment pour moi, j'ose vous en supplier, SIRE, ordonnez que je sois entendu de suite à la Barre du Conseil. Fort de ma conscience, j'irai me présenter à l'audience suprême de mon Empereur. Je désire que Son Excellence le Duc Grand-Juge y assiste; il est trompé.* J'étais Magistrat du vertueux Louis XVI.

SIRE, vos armes glorieuses ont fait taire l'Europe et l'envie plus dangereuse que l'Europe entière. Que le Héros du siècle soit aussi le Bienfaiteur de ma famille. « Ceux qui font les heureux sont les vrais » Conquérans. »

S I R E ,

De Votre Majesté et Personne sacrée,

Le fidèle Sujet,

Qui n'a d'autre ambition que d'être mis à lieu de servir votre auguste Personne : il réclame de l'emploi,

PHELIPPES DE COATGOUREDEN DE TRONJOLLY,

Magistrat Honoraire au Tribunal de Napoléonville, (Morbihan.)

Rennes , ce 2 Avril 1810, jour à jamais mémorable.

---

* Je n'ai pas envoyé de certificats d'infirmité , mais d'un mauvais air qu'on respire à Napoléonville ; je réclamais une autre place.

A SA MAJESTÉ

L'IMPÉRATRICE DES FRANÇAIS,

MARIE-LOUISE, LA BIEN-AIMÉE.

MADAME,

Depuis dix-huit ans, je m'épuise en sollicitations et dépenses inutiles, pour obtenir justice. Une épouse vertueuse, qui fut autrefois jeune, partage, ainsi que nos enfans, ma malheureuse position. Leur fortune et la mienne employées au service de l'Etat; quarante ans de Magistrature première; le vœu de mes Concitoyens, n'ont pu m'obtenir qu'une misérable pension annuelle de six cents livres!!! Le douzième suffit à peine pour payer mon eau. (Elle s'achète dans la Ville que j'habite.) J'ai contracté des dettes pour sauver la Patrie. J'ai cinq enfans ; le cadet, filleul de la Ville de Rennes, dont il porte le nom, est Lieutenant des Grenadiers au soixante-sixième Régiment d'Infanterie de ligne. Sa Majesté lui a promis la décoration.

L'avénement de Votre Majesté au Trône des Français, ranime mes espérances.

Daigne Votre Majesté, MADAME, mettre elle-même, sous les yeux de votre auguste Époux, l'Imprimé ci-joint ; et, je n'en doute point, j'obtiendrai toutes les demandes faites pour moi, et de emploi.

Recevez, MADAME, l'assurance du plus profond respect avec lequel je suis,

De Votre Majesté Impériale et Royale,

Le très-humble serviteur et fidèle Sujet,

PHELIPPES DE COATGOUREDEN DE TRONJOLLY.

Rennes, ce premier Avril 1810, jour heureux.

RÉSULTAT

IMPORTANT *des actes de notoriété*, notariés *à Napoléonville au mois de Juillet, et à Rennes les mois de Novembre et Décembre mil huit cent huit, Septembre, Octobre et Novembre mil huit cent neuf, en faveur de Monsieur* François - Anne - Louis PHELIPPES DE COATGOUREDEN DE TRONJOLLY , *Magistrat honoraire au Tribunal de Napoléonville*, (*Morbihan*) *signé par* quatre cents principaux *Administrateurs , Magistrats, Généraux, Colonels, Capitaines, Vicaires-Généraux , Chanoines , Curés , Fonctionnaires publics , d'anciens Présidens et Conseillers au Parlement , des Officiers et Membres de la Légion d'Honneur , des Propriétaires , Notables , Habitans , etc.* , (a) (Membres de Colléges Electoraux, et Médecins.)

Iʟ résulte desdits actes *honorables*, (*apostillés par notre digne Prélat, par Messieurs les Préfets, le Conseil de Préfecture d'Ille et Vilaine, les Procureurs-Généraux des Cours d'Appel et Criminelle de ce Département, le Maire et Adjoints, et Procureur-Impérial et Recteur de l'Académie de Rennes,*) que tous lesdits signataires se sont joints aux premières Autorités Civiles et Militaires, Conseils-Généraux et Municipaux de la ci-devant Bretagne, pour attester les faits contenus dans les pétitions de Monsieur de Tronjolly, pièces et actes imprimés à la suite, le tout distribué et publié depuis deux ans, (*même depuis dix-huit ans.*)

Ont dit dans lesdits actes de notoriété et certificats de Monsieur le Préfet, de Messieurs les Conseillers de Préfecture et de Monsieur le Secrétaire-Général de la Préfecture d'Ille et Vilaine, du six Septembre dernier, (déposé le treize chez Monsieur Pocquet, aîné, Notaire-Impérial à Rennes, vers lequel sont restées les minutes des susdits actes), que ce Magistrat a rempli *dignement, depuis l'âge de dix-huit ans et pendant quarante ans,* les importantes fonctions administratives et judiciaires qui lui ont été confiées *cumulativement; qu'il a sauvé des milliers d'hom-*

mes et d'enfans qui servent aujourd'hui Sa Majesté, *les hommes précieux de l'Etat.*

On atteste qu'*il est dans le cas d'ètre employé et de rendre de nouveaux services au Gouvernement d'aujourd'hui, pour lequel il a bravé la mort et tout sacrifié ;* qu'il n'est âgé que de cinquante-huit ans, *sans infirmités et bien portant;* qu'il est digne de la *grande décoration demandée et sollicitée pour lui.* On y atteste que, par un courage et *un zèle persévérant, il a lutté* contre Robespierre et Carrier, *pendant une année avant le neuf Thermidor ;* que ce fut lui qui porta *le premier coup* à la faction sanguinaire de l'an deux, et aux Comités révolutionnaires, etc. ; *qu'en faisant même tomber la tète de Carrier, en sauvant Nantes et en vengeant la Loire, il a, par un dévouement sans exemple, par un amour vif, pur et sincère pour la patrie, sauvé la France, aux risques de sa vie, en bravant la mort constamment pendant deux années ;* que, pour rembourser des emprunts et satisfaire aux dépenses que ces actes *courageux* ont nécessité, *il a vendu toutes ses propriétés, sacrifié la fortune de sa femme, le remboursement de ses Offices de Magistrature, vendu son* argenterie, contracté des dettes et perdu son état, ect. ; enfin *qu'il a servi avec désintéressement et une grande distinction.*

On atteste que c'est à ce Magistrat, à ses talens et à son amour pour l'humanité, le bon ordre et les lois, que l'on doit une foule de Réglemens de Police, *dont en Bretagne* on recommande encore aujourd'hui l'exécution.

On sollicite enfin pour ce Magistrat *un remboursement et indemnité*, soit par *un Majorat* et *une place* ; mais si le remboursement ou indemnité ne sont pas en argent, on supplie *d'assurer à sa femme et à ses trois filles une pension*, *et*, *dans tous les cas, de l'avancement pour ses autres enfans.*

L'on témoigne le désir ardent qu'ont tous les habitans de Rennes de voir *rétablir la fortune d'une famille estimable, dont les services éclatans et continus sont peut-être aussi anciens que la Bretagne ;* (b) et l'on atteste que ces faits pourroient être *certifiés par tous les Bretons et la majorité des Français, et qu'ils sont de toute notoriété ; que le père, la mère, les enfans et toute cette famille sont dignes de la protection et des graces* de Sa Majesté Impériale et Royale, de Leurs Excellences le Grand - Juge, le Grand-Chancelier de la Légion d'Honneur, de tous les Ministres , et de Monsieur le Comte, Conseiller-d'Etat à vie, Directeur-

Général des Droits Réunis ; *on les sup-plie de mettre de tels services sous les yeux de Sa Majesté.*

Le Maire de Rennes atteste le résultat ci-dessus et de l'autre part conforme aux actes, pétitions et pièces y citées, qui lui ont été représentés, et qu'il a rendu ; *attestant lui-même la notoriété de tous ces faits appuyés de pièces probantes et authentiques, il joint sa supplique.*

En Mairie, à Rennes, le dix-huit Novembre mil huit cent neuf. *Signé* POLLET, Adjoint. Et à l'une des marges est écrit : Enregistré à Rennes, le dix-huit Novembre mil huit cent neuf, folio quatre-vingt-deux verso. Reçu un franc dix centimes, dixième compris. *Signé* ANNE DUPORTAL.

A l'autre marge de la minute est écrit : Pour chiffrature, PHELIPPES.

Par-devant Pocquet aîné, et son Collègue, Notaires-Impériaux à Rennes, Siège de Cour d'Appel, Département d'Ille et Vilaine, soussignés.

Le dix-huit Novembre mil huit cent neuf, fut présent Monsieur François-Anne-Louis Phelippes de Coatgoureden de Tronjolly, ayant occupé à Rennes, avant la Révolution, des premières places Administratives et de Magistratures, ayant depuis la Révolution aussi occupé cumulativement de pareilles places à Paimbœuf et à Nantes, aujourd'hui Magistrat honoraire au Tribunal de Napoléonville, (Morbihan) ayant depuis un an fait sa déclaration de domicile à Rennes, où il demeure, rue S. Georges, lequel a dit *qu'il donnait itérativement charge à sa femme et à ses enfans (à sa postérité) de réclamer après sa mort*, avec persévérance et instance, *le remboursement de toute sa fortune et de celle de sa femme, et des dettes qu'il a contractées, ayant, pour sauver Nantes, venger la Loire et sauver la France, sacrifié jusqu'à son argenterie*; il a, au surplus, déclaré déposer à Pocquet, aîné, l'un des Notaires soussignés, pour demeurer annexé au présent, une Pièce intitulée : *Résultat important des actes de notoriété notariés à Napoléonville, etc.*, et finissant par ces mots : *on les supplie de mettre de tels services sous les yeux de Sa Majesté* : ladite Pièce certifiée ce jour, par Monsieur le Maire de Rennes, et signée Pollet, Adjoint ; enregistré à Rennes ce jour, que le comparant a chiffrée à la marge, et au-dessous est le cachet de la Mairie.

Dont acte, fait et passé à Rennes, en l'Etude, et Monsieur de Tronjolly a signé, avec nous Notaires, après lecture, lesdits jour et an. Signé sur la minute Phelippes

de Coatgoureden de Tronjolly, et les Notaires, la minute demeurée à Pocquet,
aîné. Enregistré à Rennes, le vingt Novembre mil huit cent neuf, f° 2. recto, case
quatre. Reçu un franc dix centimes,
dixième compris. Signé Anne DUPORTAL.
Signé sur l'expédition LAUMAILLER, et
POCQUET, aîné, Notaires.

Les Maire de Rennes et Adjoints, attestent la vérité des faits contenus dans l'acte
ci-contre et des autres parts; *ils en attestent
la notoriété, et joignent leurs demandes
respectueuses.*

En Mairie, à Rennes, ce vingt-sept
Novembre mil huit cent neuf. *Signé* LA
BOURDONNAYE-BLOSSAC, Maire; POLLET,
TRUBLET et THOMAS, Adjoints.

Vu par nous Préfet du Département
d'Ille et Vilaine, Membre de la Légion
d'Honneur, pour légalisation des signatures
*la Bourdonnaye-Blossac, Maire; Pollet,
Trublet et Thomas, Adjoints,* qui sont
ci-dessus apposées; au surplus *attestons les
faits contenus aux certificats et actes de
notoriété; joignons notre demande et supplique aux vœux ci-dessus exprimés par
le certificat des Maire et Adjoints, actes
de notoriété et résultat d'iceux; rappel-
lons les apostilles et certificats honorables
que nos prédécesseurs, le Conseil de Pré-*

*fecture, le Secrétaire - Général et nous
avons constamment donné,* en rendant
témoignage au courage, au dévouement,
aux talens, aux services longs et distin-
gués de Monsieur Phelippes de Coatgoureden de Tronjolly, qui, depuis l'âge de
dix-huit ans, a rempli *avec une grande
distinction des premières fonctions administratives et de magistrature; attestons
ses sacrifices éclatans, et que lui et sa
femme et ses cinq enfans sont dignes de
la bienveillance, des graces et de la protection de Sa Majesté l'Empereur et Roi,
de Leurs Excellences les Grand - Juge,
Grand-Chancelier de la Légion d'Honneur,
des Ministres,* et de Monsieur le Comte,
Conseiller d'Etat à vie, *Directeur-Général
des Droits Réunis.*

En Préfecture, à Rennes, ce vingt-sept
Novembre mil huit cent neuf.

Signé BONNAIRE.

Nous soussignés Conseillers de la Préfecture du Département d'Ille et Vilaine,
déclarons *de nouveau* que nous croyons
Monsieur Phelippes de Tronjolly *digne de
la bienveillance du Gouvernement, en
raison des services importans qu'il a rendu
à l'humanité, avant et durant la Révolution, et de la manière distinguée* avec
laquelle cet ancien Magistrat a rempli les

différentes fonctions administratives et judiciaires qui lui ont été confiées.

A Rennes, le 27 Novembre mil huit cent neuf. *Signé* ROBINET, CHERFOSSE, DUPONT, aîné, GUILLAU DE VALIENNE, et LORIN, Conseillers de Préfecture.

L'Evêque de Rennes pense qu'il ne peut y avoir de titres mieux constatés, que ceux qui recommandent ici M. de Tronjolly à la bienveillance du Gouvernement, et *il forme les vœux les plus empressés pour le succès des justes réclamations qu'on fait ici pour un ancien Magistrat, qui s'est distingué dans tous les temps par son civisme, et par la manière dont il s'est toujours acquitté des emplois importans qui lui ont été confiés.* Rennes, ce cinq Décembre mil huit cent neuf. *Signé* ENOCH, Evêque de Rennes.

Je ne puis que joindre *mon suffrage et mes vœux* à ceux des personnes qui ont ci-dessus apposé leurs signatures. *Signé* GERMÉ, Recteur de l'Académie de Rennes.

Nous, Procureur-Général-Impérial à la Cour de Justice Criminelle du Département d'Ille et Vilaine, *recommandons à la bienveillance du Gouvernement* M. Phelippes de Coatgoureden de Tronjolly et sa famille. Rennes, ce cinq Décembre mil huit cent neuf. *Signé* JUMELAIS.

Nous Président et Procureur-Impérial

du Tribunal de Première Instance de Rennes, certifions que les signatures de Pocquet aîné, et Laumailler, Notaires, mises ci-contre sont véritables, *et que M. Phelippes de Coatgourden de Tronjolly et sa famille, méritent la protection du Gouvernement.* Rennes, ce cinq Décembre mil huit cent neuf. *Signé* LODIN-LALAIRE, Président, et LE MINIHY, Procureur-Impérial.

Sur un précédent Acte est écrit : *Le soussigné Procureur-Général-Impérial près la Cour d'Appel séant à Rennes, à connaissance que M. Phelippes de Tronjolly a rempli avec probité, honneur, des Magistratures importantes , tant avant que depuis la Révolution, et qu'il est digne de la bienveillance de Sa Majesté l'Empereur et Roi.* Signé HARDY.

Le Maire de Rennes atteste la copie des actes ci-contre et des autres parts conforme aux originaux lui apparus, et rendus avec le présent. En Mairie, à Rennes, ce cinq Décembre mil huit cent neuf. La copie de l'émargement est aussi attestée conforme à l'original apparu et rendu. *Signé* POLLET, Adjoint.

Vu par Nous Préfet du Département d'Ille et Vilaine, pour légalisation de la signature Pollet , Adjoint, apposée ci-contre, et pour attestation des faits contenus au certificat ci-dessus. Rennes, le 7 Décembre 1809. *Signé* BONNAIRE.

LA lettre ci-après, écrite par Monsieur le Comte Conseiller - d'Etat, Directeur-Général des Droits Réunis, annonce que Monsieur de Tronjolly, fils aîné, *âgé de trente ans*, qui lui doit son avancement, ne restera pas long-temps Receveur à cheval. D'ailleurs, il est dans un Bourg du *Morbihan*; et tandis qu'il restera dans les emplois inférieurs, il ne pourra être utile à sa famille. *Il est instruit et bien noté, très-laborieux.*

MONSIEUR;

Je connais la noble fermeté que vous avez déployée dans les jours malheureux de la Ville de *Nantes*. Vous vous êtes placé au rang des Hommes qui, par leur courage, ont honoré la haute Magistrature. En profitant des circonstances favorables à l'avancement de Monsieur votre fils, j'acquitterai une partie de la dette publique; et je serai flatté de vous offrir un témoignage particulier de mon estime.

Recevez, MONSIEUR, l'assurance de ma parfaite considération.

FRANÇAIS.

Paris, le 12 Octobre 1807.

Pour adresse : *A M. de Tronjolly, Juge à Napoléonville.*

NOTES.

(*a*) Des Originaux de cette Pièce et des actes y cités, duement apostillés , sont dans les Bureaux de leurs Excellences le Grand-Juge, le Grand-Chancellier de la Légion d'Honneur , de tous les Ministres , et de Monsieur le Comte , Directeur-Général des Droits Réunis.

(*b*) « On voit dans les différentes Histoires de Bre-
» tagne, et par l'*Armorial Breton* de Guy le Borgue,
» et par titres, que cette famille est une des plus an-
» ciennes Maisons de cette Province ; qu'elle occupa
» les premières dignités de la Couronne , et que le
» treizième ayeul de M. Tronjolly, père, fut, à cause
» de *ses grandes prouesses* , fait Sénéchal de Bretagne,
» par le vertueux Prince Charles de Blois, avec lequel
» il périt à la Bataille d'Auray , en 1364. Sa noblesse
» était aussi ancienne que *les Armoricains*. »

(*c*) Les Membres du Conseil de Préfecture du Département d'Ille et Vilaine,

« Vu la Délibération du Conseil Municipal de Rennes,
» en date du jour d'hier, en attestant les faits y con-
» tenus, déclarent que, par sa conduite honorable dans
» les diverses Magistratures qu'il a exercées, par l'in-
» trépidité avec laquelle il a défendu la justice et l'hu-
» manité, dans les temps les plus difficiles, et par les
» sacrifices qu'ils a faits, même de la fortune de sa
» femme, cet ancien Magistrat s'est acquis des droits à
» la reconnaissance de son pays et de tous les Français ;
» que sa situation et ses talens doivent lui faire espérer
» de l'emploi , et la récompense des services importans
» qu'il a rendu à sa Patrie , en bravant pendant long-
» temps de grands dangers et la mort, pour sauver la
» France.

Fait à Rennes, le 7 Messidor an onze. *Signé* MOUN-
NIER, Alexis LEGRAVEREND, LEBOUCHER, l'aîné,
DUPLESSIX, Préfet et Membres du Conseil de Pré-
fecture.

Pour minute , PHELIPPES.

Les Membres du Conseil de Préfecture du Département d'Ille et Vilaine, sur la demande qui leur a été faite par le Citoyen Phelippes de Coatgoureden de Tronjolly,

Déclarent que, par sa conduite honorable dans les diverses Magistratures qu'il a exercées; par l'intrépidité avec laquelle il a défendu la justice et l'humanité, dans les temps les plus difficiles, et par les sacrifices qu'il a faits à son pays, le Citoyen Phelippes s'est acquis des titres à la reconnaissance de tous les Français, et que sa situation doit lui faire espérer du Gouvernement la récompense des services importans qu'il a rendus à la Patrie.

Fait à Rennes, le premier Fructidor an onze. *Signé* Alexis Le Graverend, Le Boucher l'aîné, Duplessis, Robinet, Cherfosse, Conseillers de Préfecture.

Le Préfet d'Ille et Vilaine atteste que le Citoyen Tronjolly est, par ses services, digne de la bienveillance du Gouvernement, *Signé* Mounnier.

Les sacrifices que le Citoyen Phelippes de Tronjolly a faits dans la Révolution, sont connus; il est également notoire qu'il a puissamment contribué à mettre en évidence les crimes de Carrier : sous ces différens rapports, il ne peut que mériter la bienveillance du Gouvernement. *Signé* Le Tourneur, Préfet de la Loire-Inférieure.

Le Maire de Nantes, atteste que le Citoyen Tronjolly s'est comporté en honnête homme pendant tout le temps qu'il a résidé en cette Ville; et en reconnaissance des services essentiels qu'il y a rendus dans l'Affaire de Carrier et du Comité Révolutionnaire, se joint aux Autorités Conftituées des Départemens d'Ille et Vilaine, etc. Fait en Mairie, le 28 Ventôse, an onze de la République. *Signé* Paris, dont la fignature eft légalifée par le Préfet.

Il a donné un fecond certificat le 5 Frimaire an 11.

La Commune de Nantes a confirmé les certificats du Maire. Voici sa Délibération :

Le Conseil Municipal de la Commune de Nantes, ne peut que confirmer les certificats du Maire. Nantes, ce 27 Frimaire an onze de la Rép. *Signé* P. T. Tessier, Président ; Goyau, Secrétaire, dont la signature a été légalisée par le Préfet.

M. de Trojolly instruisit sur le Registre, dans la crainte d'enlèvement des minutes, une Procédure criminelle contre Carrier, (qui n'était qu'exécuteur,) contre ses complices et l'Armée Marat ; il a combattu pendant près de deux années, sans Troupe, et aux dépens de sa famille ! Il attend justice..... Il a été calomnié par des méchans, des jaloux et des factieux, etc.

En mil huit cent huit M. Bertrand-Geslin, Maire actuel de Nantes, signa un acte de notoriété, légalisé par le Préfet, constatant que M. de Tronjolly, en quittant Nantes, y a laissé après lui une grande réputation.

Enfin un autre acte des Habitans de Rennes, apostillé de MM. les Maire, Préfet et Procureurs-Généraux des Cours d'Appel & Criminelle, constate *qu'on désire voir MM. de Tronjolly, père, ses enfans et petits-fils, occuper des Places dignes des services du père, &c.*

Les Conseils des Communes de Rennes et de Betton, réclament depuis long-temps un état pour le Citoyen Tronjolly, et une indemnité de cent mille francs, et de l'emploi pour ses enfans, et son entrée dans la Légion d'Honneur.

Tronjolly, père de cinq enfans, avait été jugé et acquitté sur une dénonciation, qui honorera sa mémoire, lorsqu'il joua courageusement sa tête contre CARRIER, qui siégeoit encore à la Convention. Voyez les différens Mémoires publiés par Tronjolly, depuis dix-huit ans, le Monniteur et l'Histoire de la Révolution.

Pour Minute, PHELIPPES.

A RENNES, chez la veuve BRUTÉ, Imprimeur de la Mairie et de l'Université, au Palais.

www.ingramcontent.com/pod-product-compliance
Lightning Source LLC
LaVergne TN
LVHW010839180726
843502LV00009B/3649